Das Buch mit
Selbst zerstörungs funktion

Mach es fertig!

NUCLEO

© 2021 Nucleo
Edition 1.0.1B

Autor:
Fabian Höchst

Verlag:
Nucleo – ein Label der
my dna media GmbH
Ohmstr. 53
60486 Frankfurt am Main

Druck:
Libri Plureos GmbH
Friedensallee 273
22763 Hamburg

ISBN:
978-3-98561-002-0

Dieses Werk, einschließlich seiner Teile, ist urheberrechtlich geschützt. Jede Verwertung ohne Zustimmung des Verlages und des Autors ist unzulässig. Dies gilt insbesondere für die elektronische oder sonstige Vervielfältigung, Übersetzung, Verbreitung und öffentliche Zugänglichmachung.

NUCLEO

Fragen, Anregungen, Feedback?

Schreibe uns an **info@nucleo-verlag.de** oder besuche uns im Web auf **nucleo-verlag.de**

Ein Wort bevor es losgeht

Wann immer dir langweilig ist, du wütend bist oder Frust schiebst: Schnapp dir dieses Buch und lass deine Gefühle daran aus. Scheue dich nicht um sein Aussehen: Kritzle ins Buch, reiße Seiten raus oder schmiere Zeug hinein.

Je mehr du dieses Buch zerstörst, umso besser!

Der Frisör in dir
Reiße die Haare bis zum Kopf ein. Forme dann eine schrille Frisur.

Bumm, Bumm

Lass die Luftballons platzen, indem du sie mit einem Stift durchbohrst.

Handscanner

Achtung, dir ist es erst gestattet umzublättern, wenn du deine Hand eingescannt hast.

Lege deine Hand flach auf die Seite und fahre die (Kontur) mit einem Stift nach.

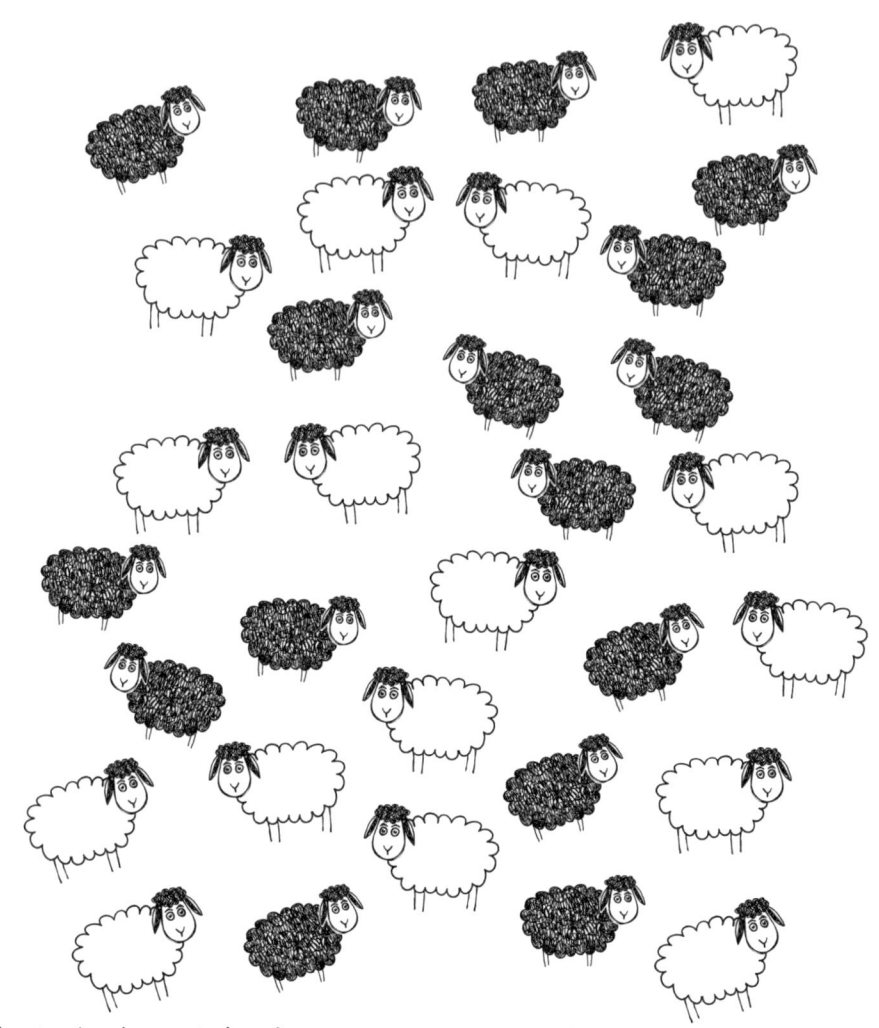

Paar-Sheep

Zeit für Liebe. Bilde Paare bestehend aus einem schwarzen und weißen Schaf, indem du einen Kreis um das Paar malst. <u>Kein Schaf darf allein</u> bleiben.

Gravitations-kraft

Das Schwarze Loch zieht alles an und vernichtet es. Schnapp dir einen Radiergummi, Stift, Büroklammer oder ähnliches und drück sie durch das Loch.

Aktenvernichter

Schneide dünne Streifen aus, indem du mit der Schere den Linien folgst.

„Ich dreh durch"

Fange bei dem Pfeil an, die Seite einzureisen und folge der Spirale.

Kannst du der kompletten Form folgen, so dass eine lange Papierschlange entsteht?

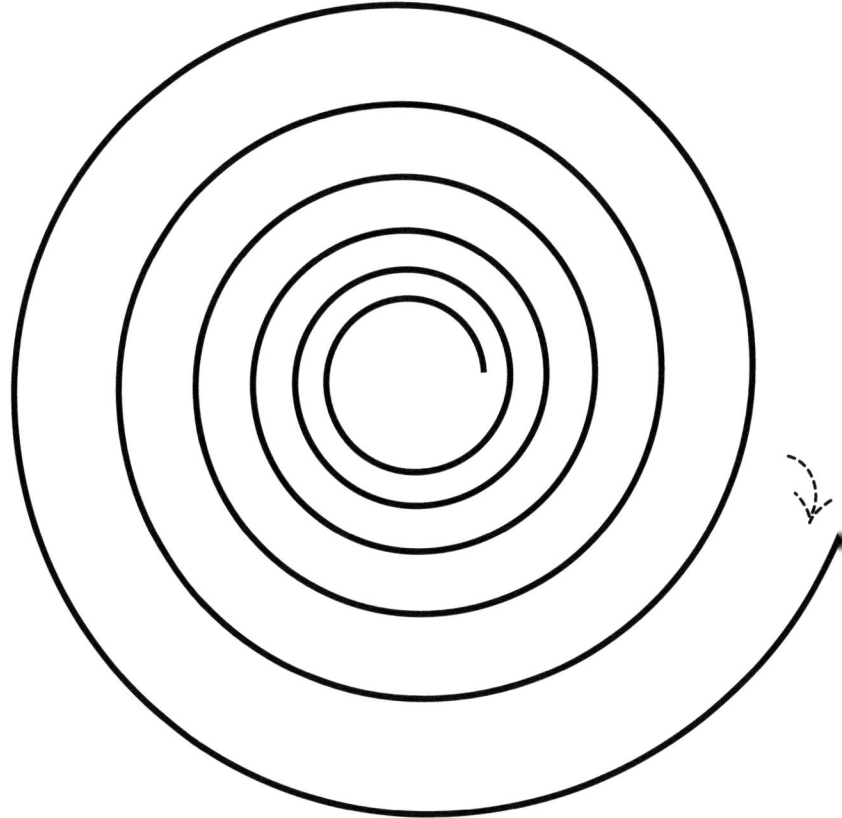

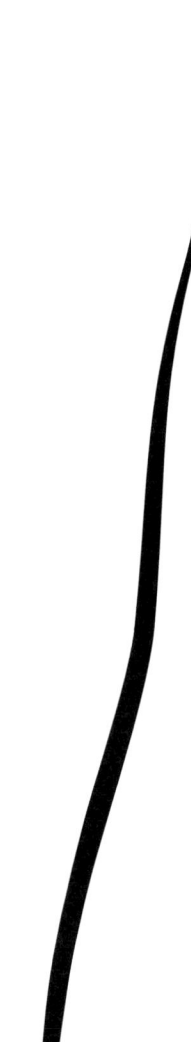

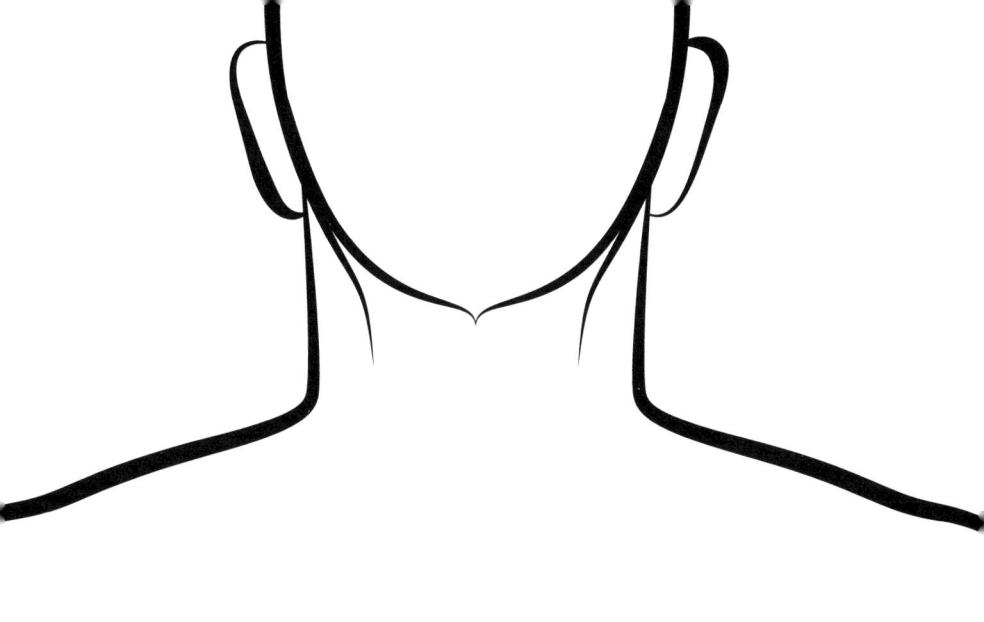

Massier mich

Argh, dieses Buch ist ordentlich verspannt.

Hilf ihm! Schnapp dir einen Stift und massiere den Rücken. Von oben nach unten, von links nach rechts. Mal in geraden Zügen, mal mit schwungvollen, kleinen Kreisen.

Ach, das tut gut.

Setzen, 6!

In diesem Text sind Fehler. Ordentlich viele Fehler. Unterstreiche sie fett, kreise sie wild ein und markiere sie am Rand, als wärst du ein durchgedrehter Deutschlehrer. Je wilder, umso besser.

Als er den Text betrachtete, war er emtsetzt. „Da ist ja schon eine Fehler im ersten Satz!", dachte er sich und kreiste den Fehler direkt mit seinem Stift ein. Wir er weiterlas, fand er noch einen Fehler. Im standen die Nackenhaare zu Berge. Ein Text voll mit Fehleren. Schnell öffnete er die Schublade in seinem Schriebtisch und kramte darin herum. Ganz hinten, versteckt und zahlreichen Notizen, Buröklammern und Radiergummies fülte er ihn: seinen extra dicken Markierstift. Mit einer schneller Bewegungen riss er die Kappe vom Stift und kritzelte los. „Na warte", dachte er sich. „Hier werde ich jeden Fehler finden und ihn ordentlich markieren." Seine Fingerkuppen waren mittlerweile voll mit der Tünche des Stifts. Fasste er das Papier an, würde er sofort unschöne Fingerabdrucke hinterlassen. Doch sein Verlangen den Text in seinen Schrank zu weißen und jeden Fehler penibelst genau zu finden, war größer. Kurzerhand wechselte er seine Schreibhand und kreise weiter die Fehler ein. Fast schon manisch suchte er akribisch nach einem falschen I-Punkt, einem fehlenden Komma oder einem Buchstabendreher.Und würde es ihm noch so viel apverlangen, dieser Text hatte gefällikst den Regeln der deutschen Rechtschreibung zufolgen. Immer mehr verwandelte sich dass Papier in einen undurchschaubaren Dschungel an Kreisen, Strichen und Zeichen. Der Rand war bis zum platzen voll mit Anmerkungen. Wer auch immer den Text hatte, viele Müe um die Rechtschreibung hatte er sich nicht gegeben.

So viele Gesichter

Wie viele Emojis kennst du? Male in jeden Kreis eine unterschiedliche Fratze. Kannst du alle Kreise füllen?

Helau

Schnapp dir einen Locher und durchlöchere die Seite, was das Teil hergibt.

Die Seite muss mehr Löcher haben als ein **Schweizer Käse.**

Fahr die Krallen aus

Kratze mit deinen Fingernägeln so lange an den Augen des Monsters, bis du zur Seite zuvor durchgedrungen bist.

0010100011111101000111001001000110110111010000
0001000100100101100010101001111110001000110000
0010000100010001110000011111100100010000101110
1111111001101000000100000100000100110101100001
1000100101101101111100100110001101110111 011
0011011110111101101110110100111101000011011111
0110111010001100011011101101000100110100100010
0001011100001001110010100011010100001011000011
1100101011001111011101101010000100100100010111
1011010010010110111110011000011000000011011000
0110111010110000001011111000111111110111110100
0001000110111100000010000101001010000111111100
1110101100001110001111110111110011010011001010
1011010010011100111111110100111111110110011
1101100100010101011010101111111011000000101101
0110010110001001010100101011001110011011100

Ich bin doch kein Computer

Eine Null will keiner sein. Male daher alle Innenräume der Nullen hier aus.

1001111100100110011101110111101100110111101101
1101101110110100111101000011011110110111010000
1100011011101101000100110100100100010001011100001
0011100101000110101000001011000011100100101100
1110111011010100000010010010001011101101001001
0110111100110001100000011011000011011101011
0000001011111000111111110111110100001000110111
1100000001000010100101000011111101110101100
01100011111101111100110100110010110110110100100
0111001111110100011111111011001110110010001
0101101010111111101110000010110101110010110
0010010101001011011001110011011100111010011010

29

Wo die Musik spielt

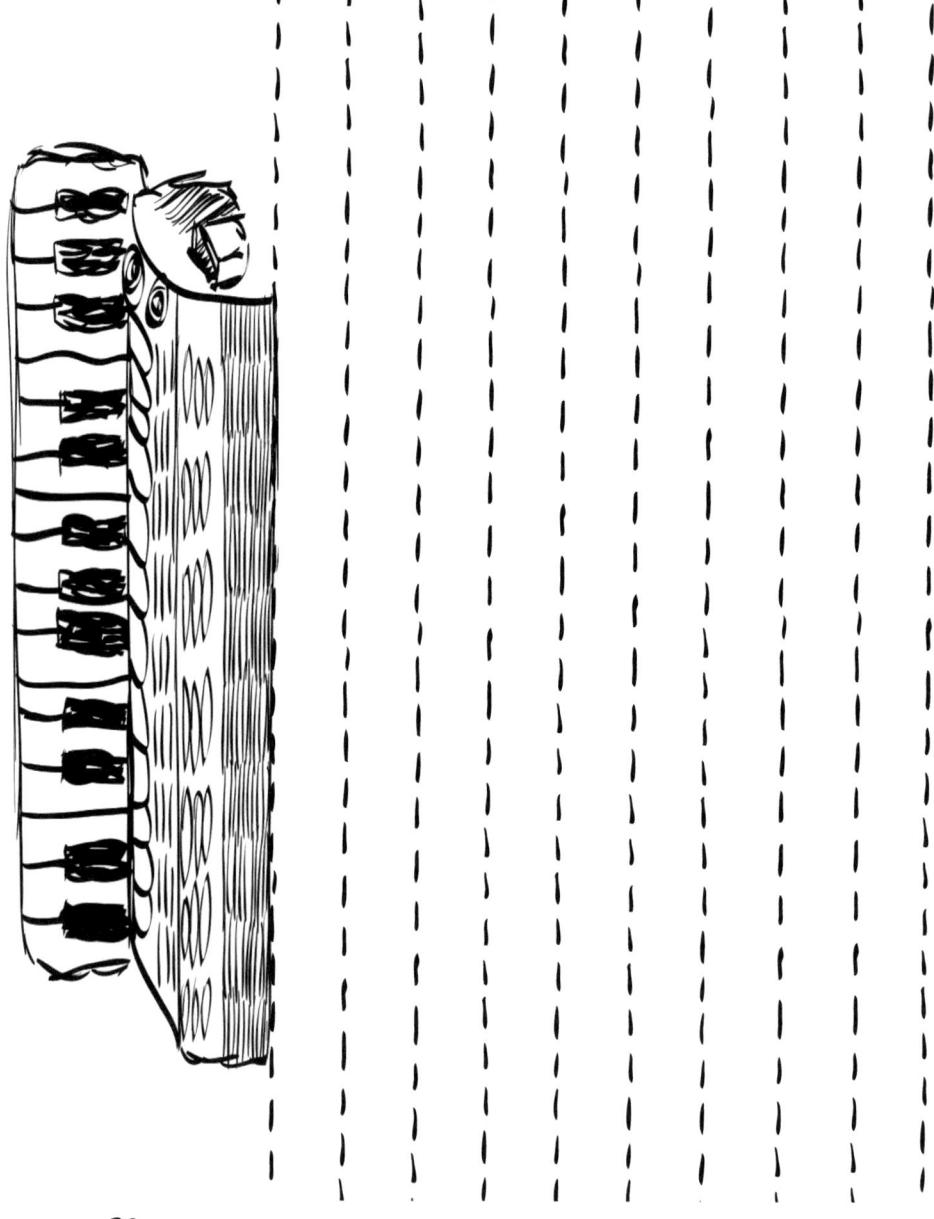

Falte die Seiten entlang der gestrichelten Linien im Zickzack. Fertig ist dein neues Musikinstrument.

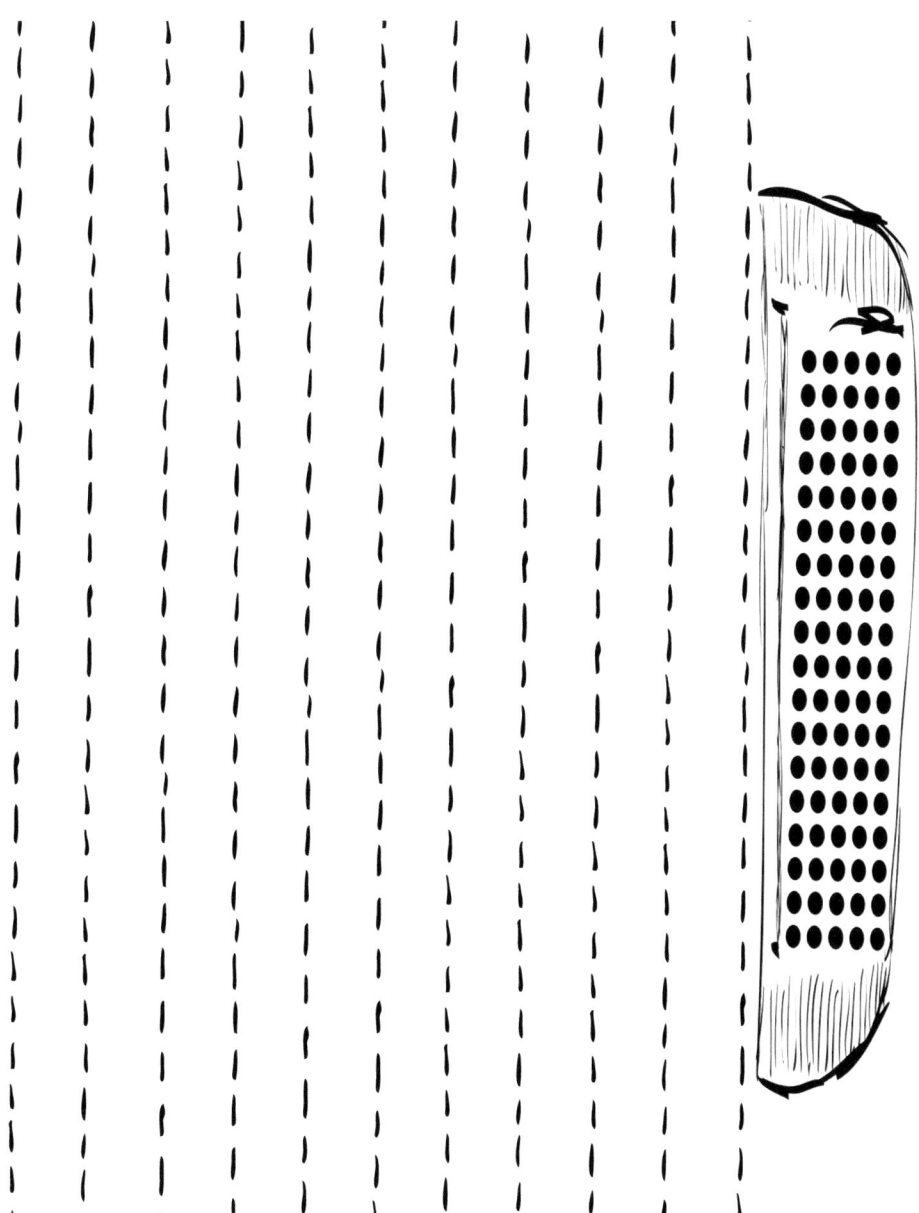

Ab 4 Jahren

Reiße die Seite raus. Schneide die Teile entlang der gestrichelten Linien aus.

Löse dann das Puzzle.

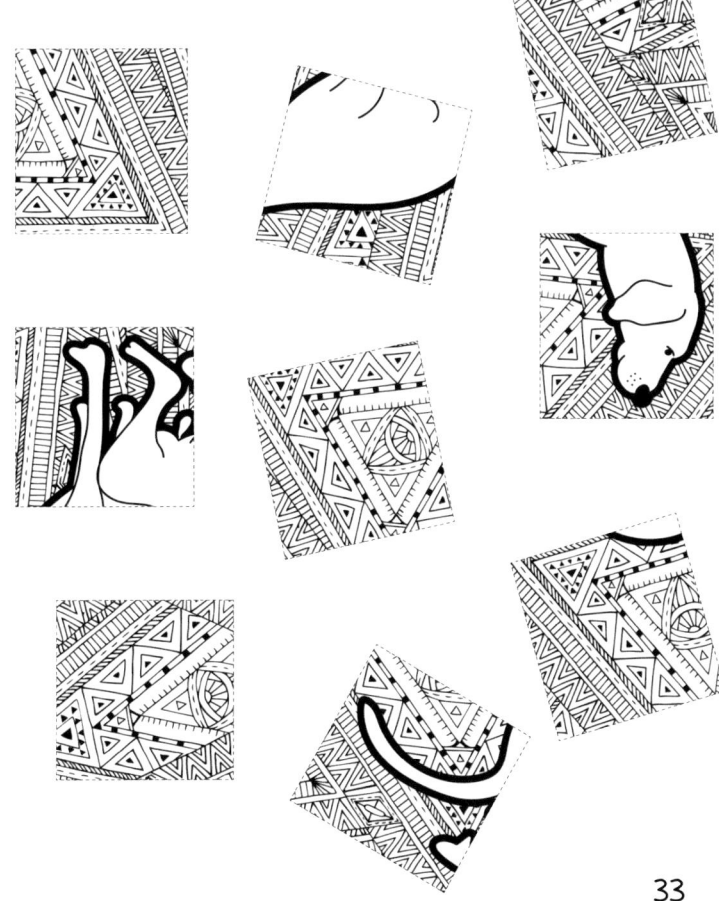

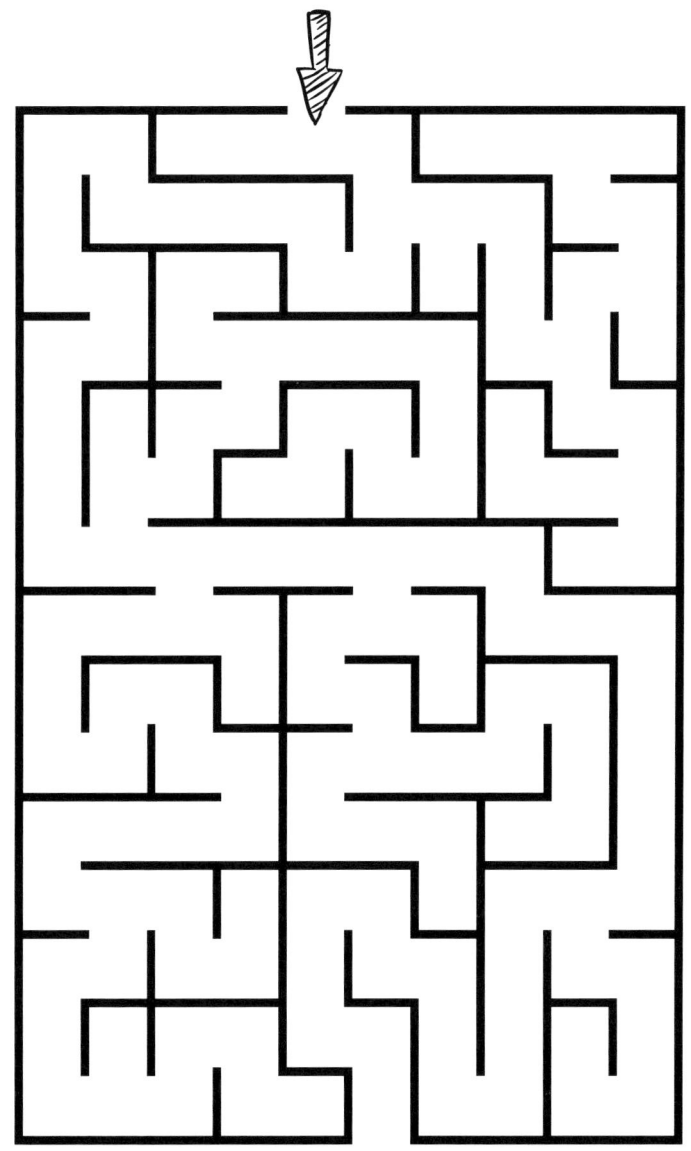

Irrgarten

Finde den Weg aus dem Labyrinth. Anstatt den Weg ~~einzuzeichnen~~, musst du den Pfad <u>einreißen</u>.

Buon Appetito

Male eine Spaghetti um die Gabel. Mach sie so richtig lang – mit ganz vielen Kreisen. So lange, bis die Gabel nur noch aus Nudeln besteht.

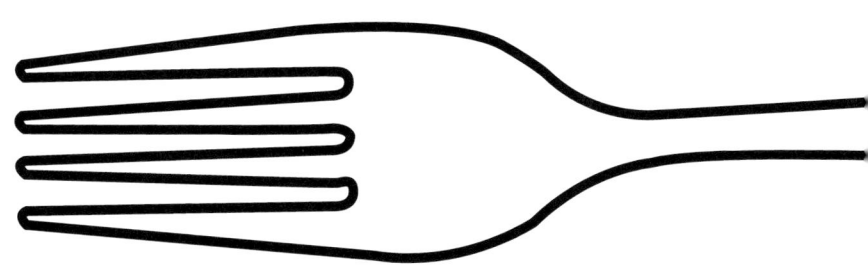

Die Bruchbude des Nikolaus'

Male in jedes dieser Felder das Haus vom Nikolaus. Auch in das klitzekleinste Feld.

Anleitung:

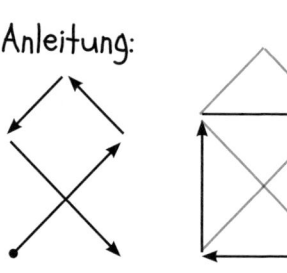

Der nackte Igel

Huch, dieser Igel hat ja gar keine Stacheln. Schnapp dir einen Stift und kritzle wild die Stacheln auf seinen Rücken.

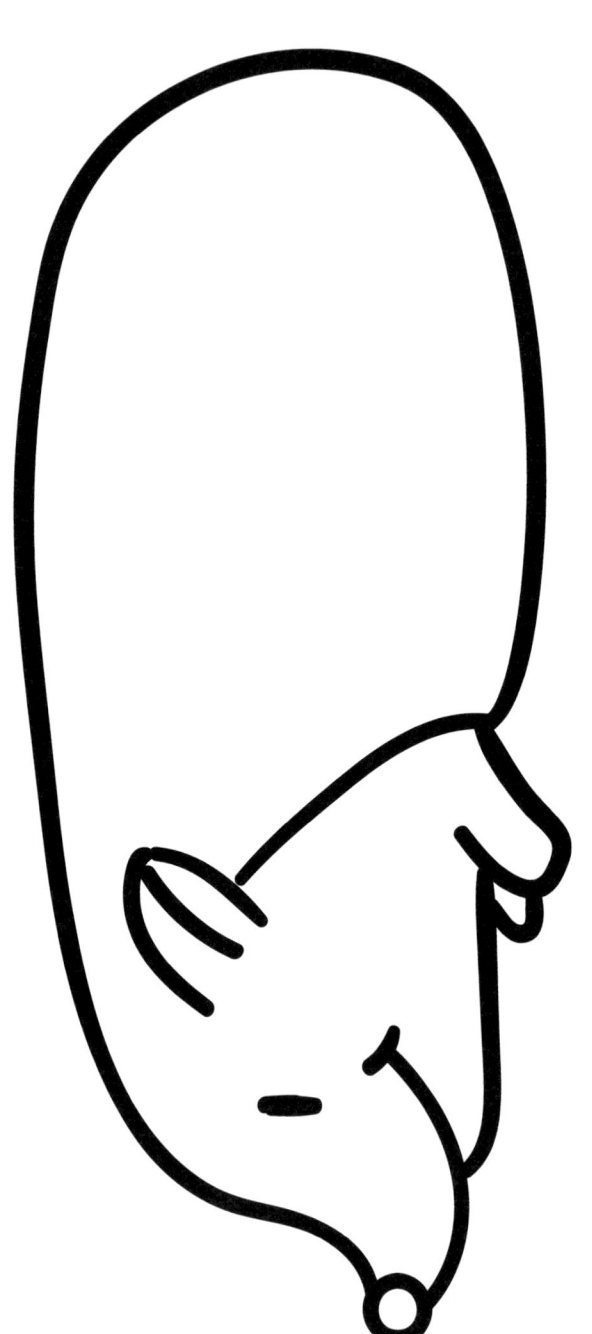

Boarding completed

Reiß diese Seite raus und bastle damit einen Papierflieger.

Lasse ihn ganz lässig in den Papierkorb segeln.

Hunger, uga, uga

Der Affe hat Hunger. Unternimm etwas, damit der <u>Affe</u> zu seiner <u>Banane</u> kommt.

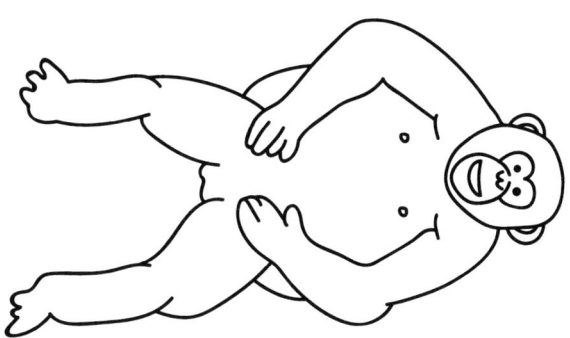

Voll auf die 12

Ohje, Henry hat bei seinem Boxkampf ordentlich was abbekommen und keine Zähne mehr im Mund. Male alle Zähne schwarz, bis sie nicht mehr sichtbar sind.

Gesichtsflaum

Eine ganz schön haarige Angelegenheit: Male in jedes Gesicht einen schrillen Bart.

Kleckern statt klotzen

Drapiere einen ordentlichen Klecks Limo, Saft oder ähnliches auf diese Seite.

Tschu, tschu, tschu – die Eisenbahn

Fahre (bzw. schneide) mit einer Schere die Schienen der Eisenbahn nach.

S2

Wir brauchen einen Arzt

Alle diese Leute müssen geimpft werden. Piekse an ihren Arm mit einem Stift die Seite durch.

Edding raus

Schwärze die Seite mit einem dicken, fetten Filzstift.

Lass kein Weiß mehr durchschimmern.

Zeit für etwas Entspannung

Male höchst säuberlich das Mandala bunt aus. Zur Belohnung darfst du danach auch den Hund ausmalen.

Hoch soll es fliegen

Lass das Haus in die Luft steigen. Zeichne mindestens 99 Luftballons daran.

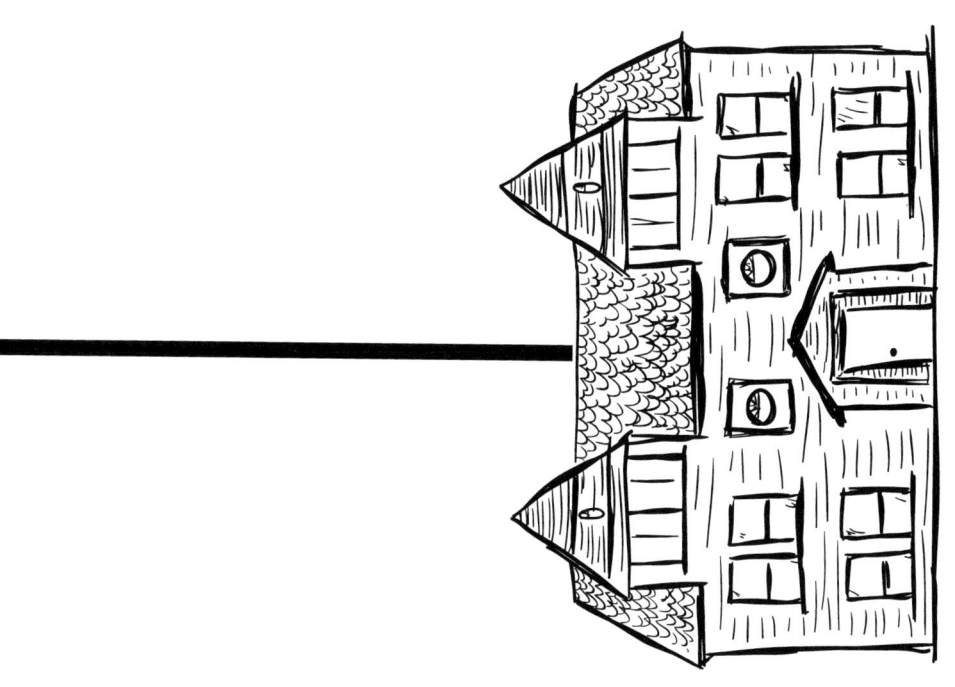

Ab zum Frisör

Das ist Lisa. Lisa hat ziemlich <u>lange Haare</u>. Schnapp dir eine Schere und <u>schneide Lisas Haare über den Augen ab.</u>

Fußabtreter

Leg das Buch auf den Boden.

Tritt so lange auf diese Seite mit einem Schuh, bis sie **zerfetzt** ist.

7628 − 7111 − 519 + 2 =

3 × 3 × 3 − 29 =

18 − 9 × 2 =

2 × 2 − 2 + 4 − 6 =

~~~~~~~~~~~~~~~~~~~~~~~~~~~~~~~~

Mathematik für Einsteiger

Löse die Rechenaufgaben und schreibe das Ergebnis hin.

Wann immer die Lösung Null ist, durchbohre an dieser Stelle die Seite mit einem Stift.

~~~~~~~~~~~~~~~~~~~~~~~~~~~~~~~~

30 × 90 × 0 =

2 × 3 − 5 + 2 =

11 + 12 + 13 − 35 =

312 × 2 − 624 =

90 + 8 − 98 =

124 − 9 − 116 =

ToDo: Check

Streiche jede Aufgabe durch, die du heute erfüllt hast. Schaffst du es, an einem Tag alle Aufgaben zu meistern?

* ~~Buch anschauen~~
* Zähne putzen
* Frühstücken
* Seite rausreißen
* jemanden sagen, wie toll er ist
* auf dem Klo gewesen sein
* Obst oder Gemüse essen
* dieses Buch küssen
* einen Punkt auf einer ToDo-Liste durchstreichen
* Oma anrufen
* ein böses Wort aufschreiben
* ein Tier streicheln

„Hab ich selbst gemalt"

Male ein Bild von einer Katze. Male dabei mit deiner linken Hand, wenn du Rechtshänder bist (bzw. genau umgekehrt).

Schenke das Bild voller Stolz einem Freund oder einer Freundin und sag: „Hab ich selbst gemalt."

Iii-ahhh

Mach ein Eselsohr an die Ecke. Aber ein Großes. So ein richtig Großes. Also so ein **Großes**, dass die Seite nur noch aus dem Eselsohr besteht.

Der einfachste Job der Welt

Reiß die Seite raus. Zerknülle sie und wirf sie leger in den Papierkorb.

Mjam, mjam, mjam

Diese Kekse sehen doch lecker aus.

Worauf wartest du?

Beiß ein <u>ordentliches</u> Stück davon ab.

Dickes Fell

Wetze deine Nägel wie ein Bär auf dieser Seite.

Zieh von oben nach unten, von links und rechts mit deinen Krallen über die Seite und zerfetze sie.

Mo eim mömes Mild

Male ein Haus. Aber Finger weg! Du darfst den Stift nur in den Mund nehmen.

Stifte-Rennen

Falte die Seite an der gestrichelten Linie in Richtung des Pfeils.

Fahre nun mit einem Stift Runden im Kreis.

Starte an der Ziellinie und fahre über die Vorderseite.

Das Rennen endet nach 50 Runden.

Schiffe versenken

Präge dir gut ein, wo auf dieser Seite die Schiffe platziert sind. Blättere dann wieder eine Seite vor. Durchbohre nun mit einem Stift fünf Mal die Seite, wo du meinst, dass die Schiffe seien. Blättere dann wieder zurück und schau, ob du alle Schiffe versenkt hast. Zwischendurch spicken ist nicht.

Zeit für Spielspaß

Tippe mit deinen Finger per Zufall auf einen Buchstaben:

A S J H I T E F V W Z B
K O N R P G U L M Q C D

Fülle dann wie bei „Stadt, Land, Fluss" die Zeilen aus.

Beschimpfung: _____

etwas Flüssiges: _____

Körperteil: _____

Junkfood: _____

Z-Promi: _____

Werbeslogan: _____

Influencer(in): _____

Filmtitel: _____

Schnarrch ...

Zähle alle Schafe auf diesen beiden Seiten, ohne einzuschlafen. Notier dir dein Ergebnis im Feld.

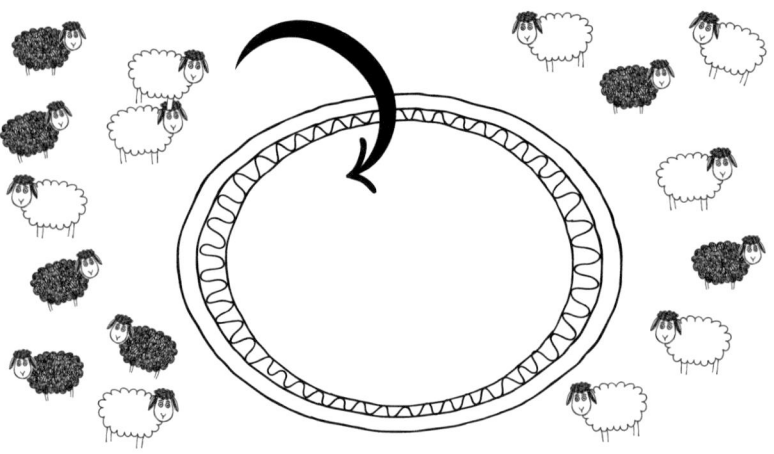

Blätter dann auf die Seite mit der Seitenzahl, die deiner Antwort entspricht.

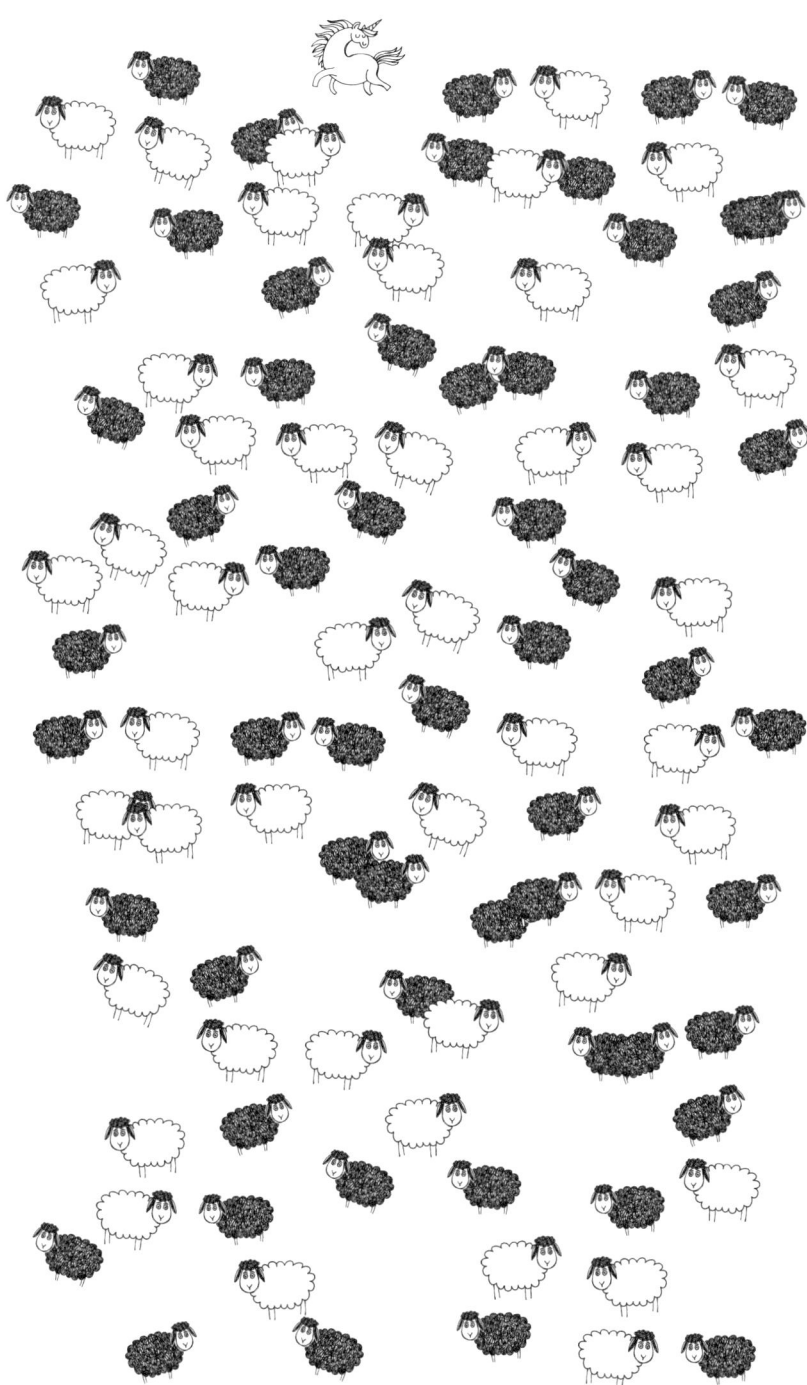

Fliegen-
klatsche

Leg das Buch vor dir hin.

Schnapp dir nun einen Stift und hebe in mit der Spitze nach unten etwa einen Meter über das Buch. Versuche zu zielen und lass den Stift fallen.

Mach das so lange, bis du alle Fliegen getroffen hast.

Dreckiger Schlüpper

Diese Unterhose ist ganz schön alt! Sieht man nicht? Dann mach <u>Löcher</u> rein, male <u>Flecken</u> und was die eben sonst noch so einfällt.

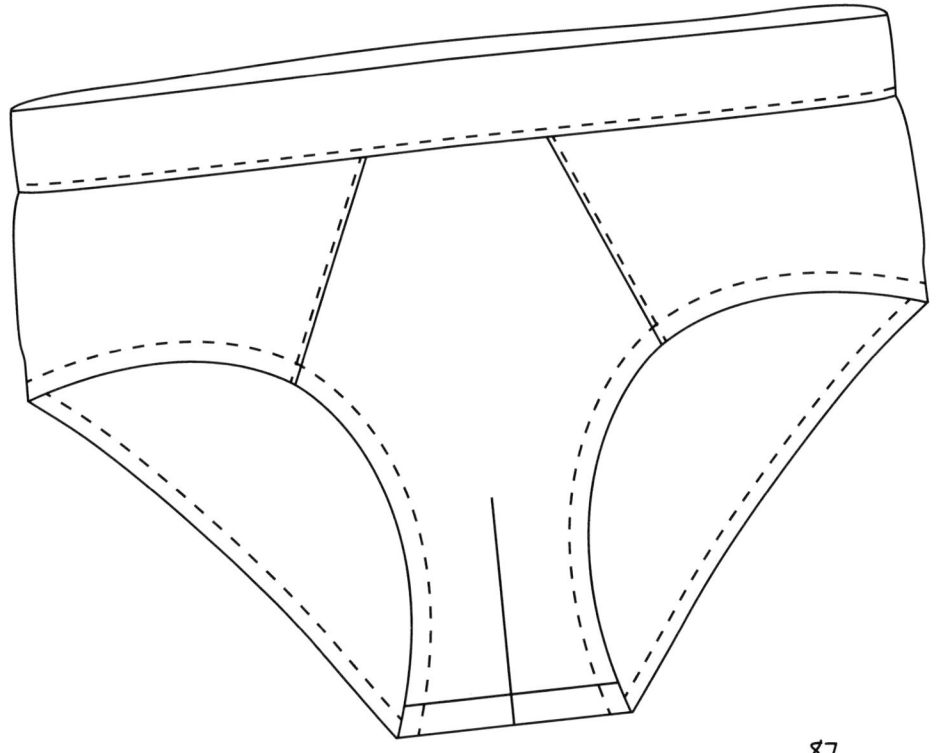

Papier-Schnee

Reiße die Seite in so richtig kleine Fetzen.
Je kleiner, umso besser.

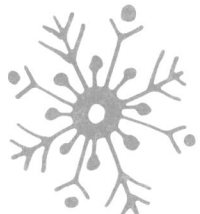

Lass es krachen

Schüttle die Sektflasche ordentlich durch.

Fasse die Seite nur mit einer Hand an und schüttle sie kräftig.

Na, bringst du das Papier, ähh, Korken zum Knallen?

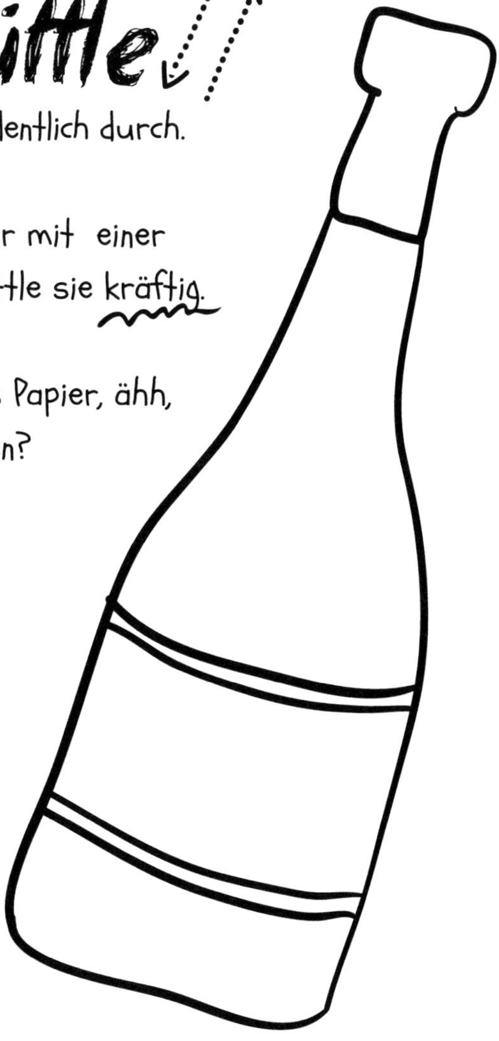

Verdien dir die Kohle

Kritzle so lang mit einem Bleistift, bis das Holz „verkohlt" ist und du zur nächsten Seite durchgedrungen bist.

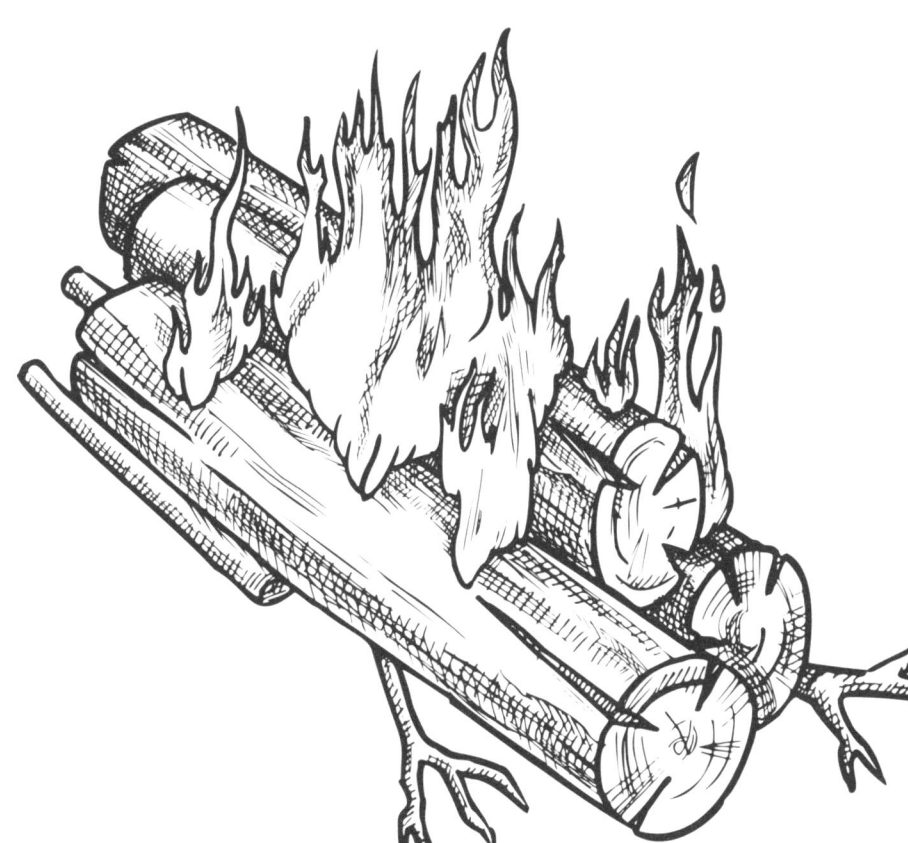

Frühling | Sommer

Die vier Jahreszeiten

Kleckse oder schmiere ein typisches Ding für jeder Jahreszeit ins Buch – Eis, Lebkuchen, Löwenzahnmilch, Laub und Co: Dir wird bestimmt etwas einfallen.

Herbst | Winter

Löcher-ABC

Pikse alle Markierungen mit einem Stift durch.

Auf der nächsten Seite siehst du einen Buchstabensalat.

Verwende aber nur die Buchstaben, die durchgestochen wurden.

Male das Lösungswort als Bild hierhin.

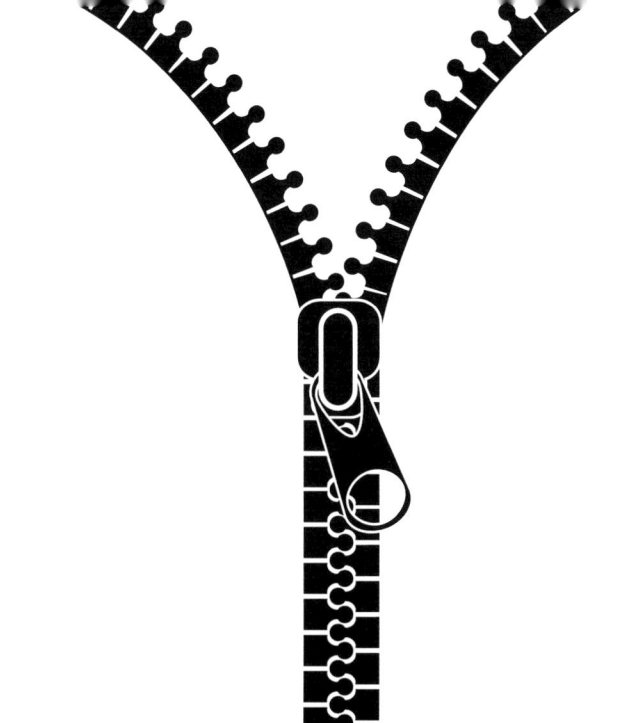

Ritsch, ratsch

Mach den Reißverschluss auf.

Geheime Botschaft

Halte die Seite umgedreht vor einem Spiegel und befolge die Anweisung.

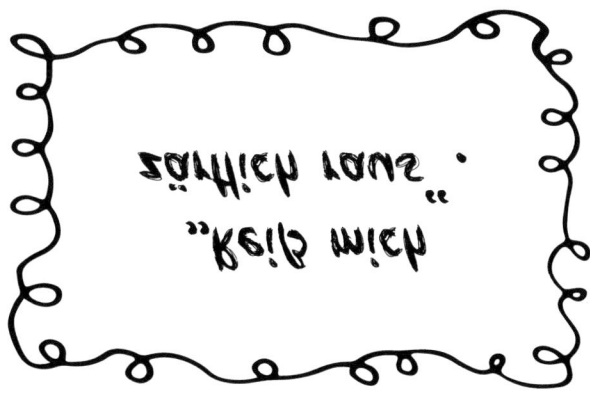

Huch, wo seid ihr alle hin?

Schon so viele Seiten rausgerissen, da wird das Buch ganz schön dünn.

Klebe deshalb hier mit Klebestreifen eine neue Seite rein.

Woher du diese herbekommst? Klopapier, eine alte Notiz, Geschenkpapier, Pappkarton, Verpackung .... Dir wird schon, was einfallen.

Ach ja, vergiss nicht die Seitenzahl in die Ecke zu schreiben.

Wahr oder falsch?

Reiße falsche Aussagen am Rand ein.

Nachdem du alle Fragen gespielt hast, blättere um und du siehst die Lösung.

Mit der Mine eines Bleistifts kann man durchschnittlich eine 56 Kilometer lange Linie zeichnen.

Die Astronautennahrung der Nasa wurde von einem Fast-Food-Konzern entwickelt.

Der Kleber für Briefmarken wurde früher aus Schneckensekreten gewonnen.

Hippopotomonstrosesquippedaliophobie bezeichnet die Angst vor langen Wörtern.

Wombats verrichten ihre Häufchen in Würfelform.

Kühe haben keinen Schließmuskel. Würden sie in Wasser schwimmen, würden sie „voll laufen" und untergehen.

Bei jeder Zeitumstellung müssen im Schloss Windsor der Queen rund 400 Uhren umgestellt werden. Das dauert circa 16 Stunden.

Die Druckfarbe dieses Buchs stammt von Tintenfischen.

wahr

falsch

falsch

wahr

wahr

falsch

wahr

falsch

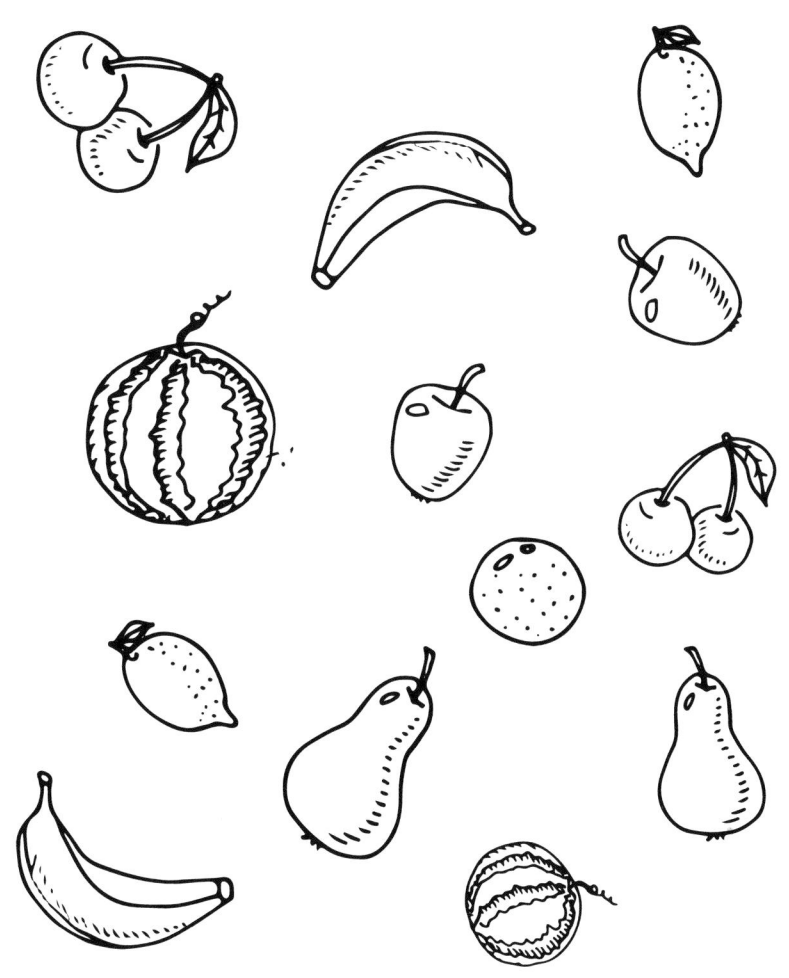

Spiel eine Runde Fruit Ninja

Schneide die Früchte in der Mitte durch.

Kannst du die Stacheln des Kaktus' fühlen? Nein?

Dann nimm dir eine Gabel, blättere auf die nächste Seite und stich mit der Gabel mehrmals auf diese Seite durch.

Blättere danach wieder hierhin zurück. Nun kannst du die kleinen Franzen auf dem Kaktus spüren.

Streng deine grauen Zellen an

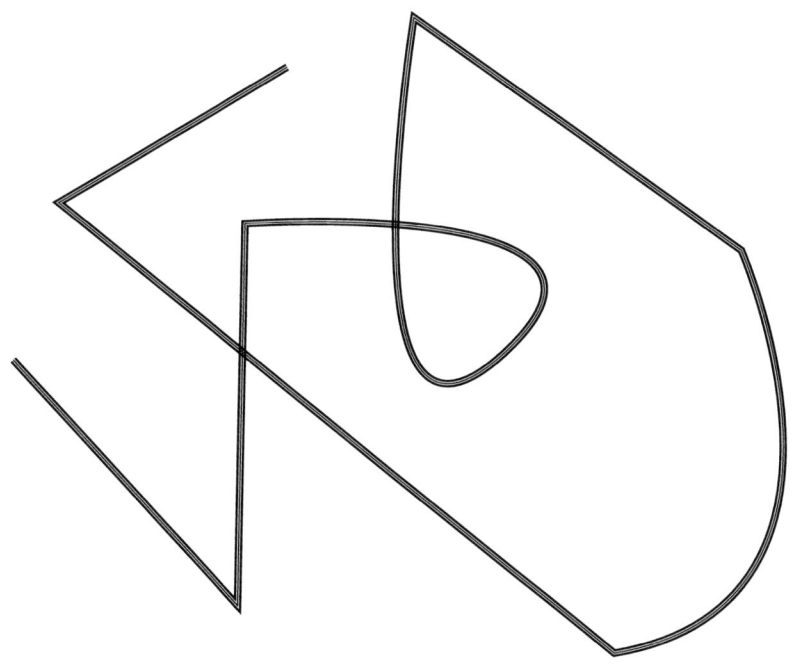

Präge dir die Form gut ein. Nimm einen Stift in die Hand. Schließe nun die Augen und fahre ohne etwas zu sehen die Form nach.

Wenn du fertig bist, mach die Augen wieder auf. Na, alles gut getroffen?

Armer Hund

Buddy geht's nicht gut. Er hat Flöhe. Kratze so lange auf seinem Fell, bis jeder Floh verschwunden ist.

Lass ihn nicht entkommen

Der Insasse will aus dem Gefängnis ausbrechen.
Halte ihn auf!

Wölbe die Seite und drück die beiden Gitterstäbe zusammen. Nimm nun einen Tacker und tackere die Stäbe aneinander fest.

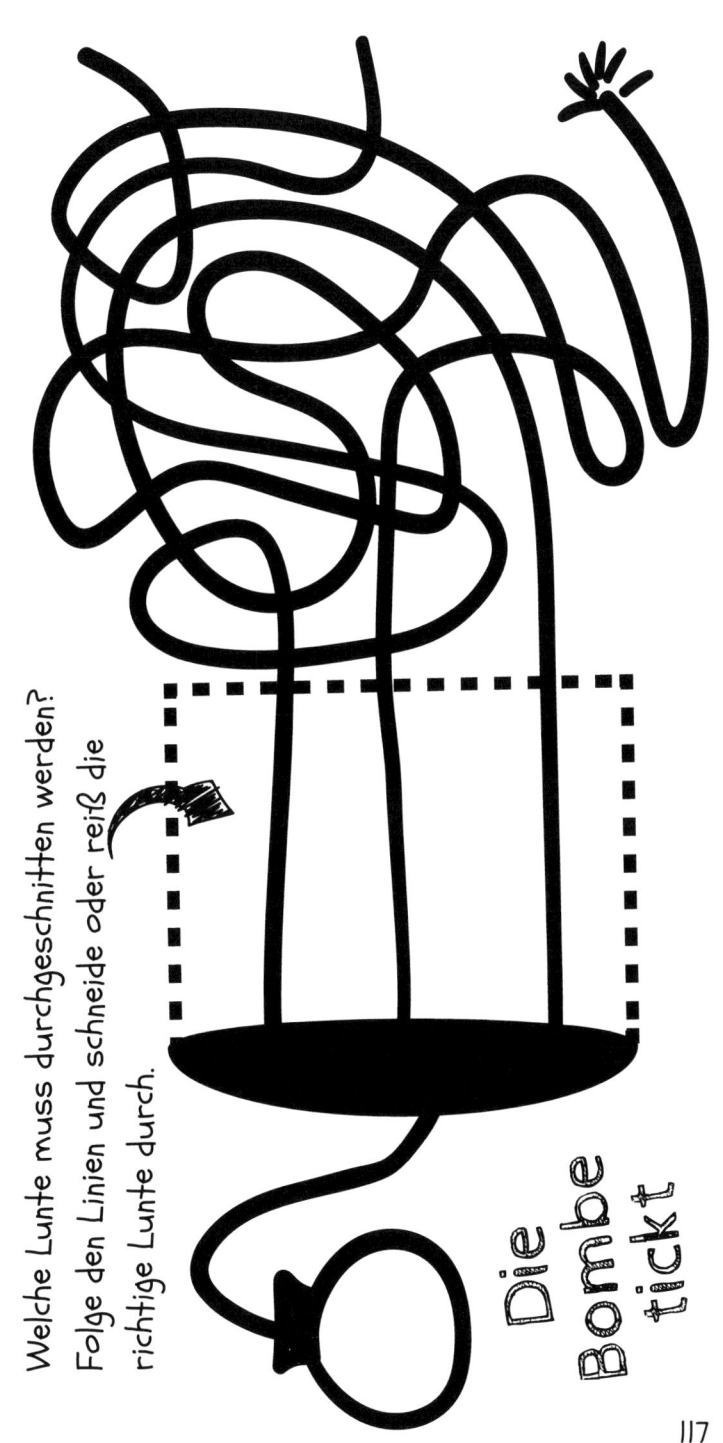

Nicht anfassen

Reiß diese Seite raus.

Winzig kleiner Haken:
Du darfst dabei deine Hände <u>nicht</u> verwenden.

Schleimer

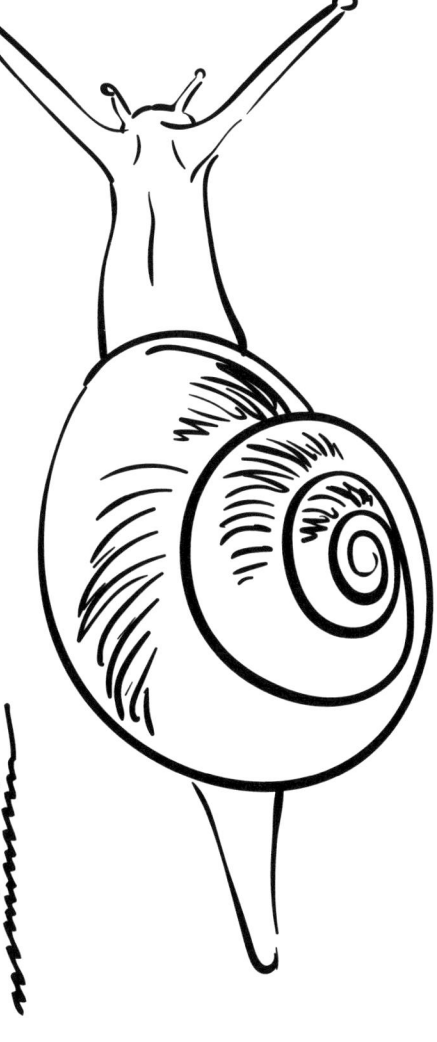

Diese Schnecke hinterlässt eine ganz schön schleimige Spur. Schmiere ihre Spur mit irgendetwas schleimig-klebrigen ins Buch.

Ostern vs. Weihnachten

Verbinde die Objekte mit Strichen zum Osterhasen bzw. Weihnachtsmann. Mach das so schnell du kannst.

Jeder muss mal

Das Monster hat auf dem Klo ganz schön zu kämpfen. Male die längste Kackwurst bis zum Abfluss.

Weg mit dem Grün

Schneide den Rasenmäher entlang der gestrichelten Linie aus. Stecke dann an den beiden Markierungen einen Stift hindurch:

Jetzt bist du bereit loszulegen. Rasiere den Rasen rechts, bis keine Blume mehr sichtbar ist. Mach dabei ein Brumm-Geräusch – wie bei einem echten Rasenmäher eben.

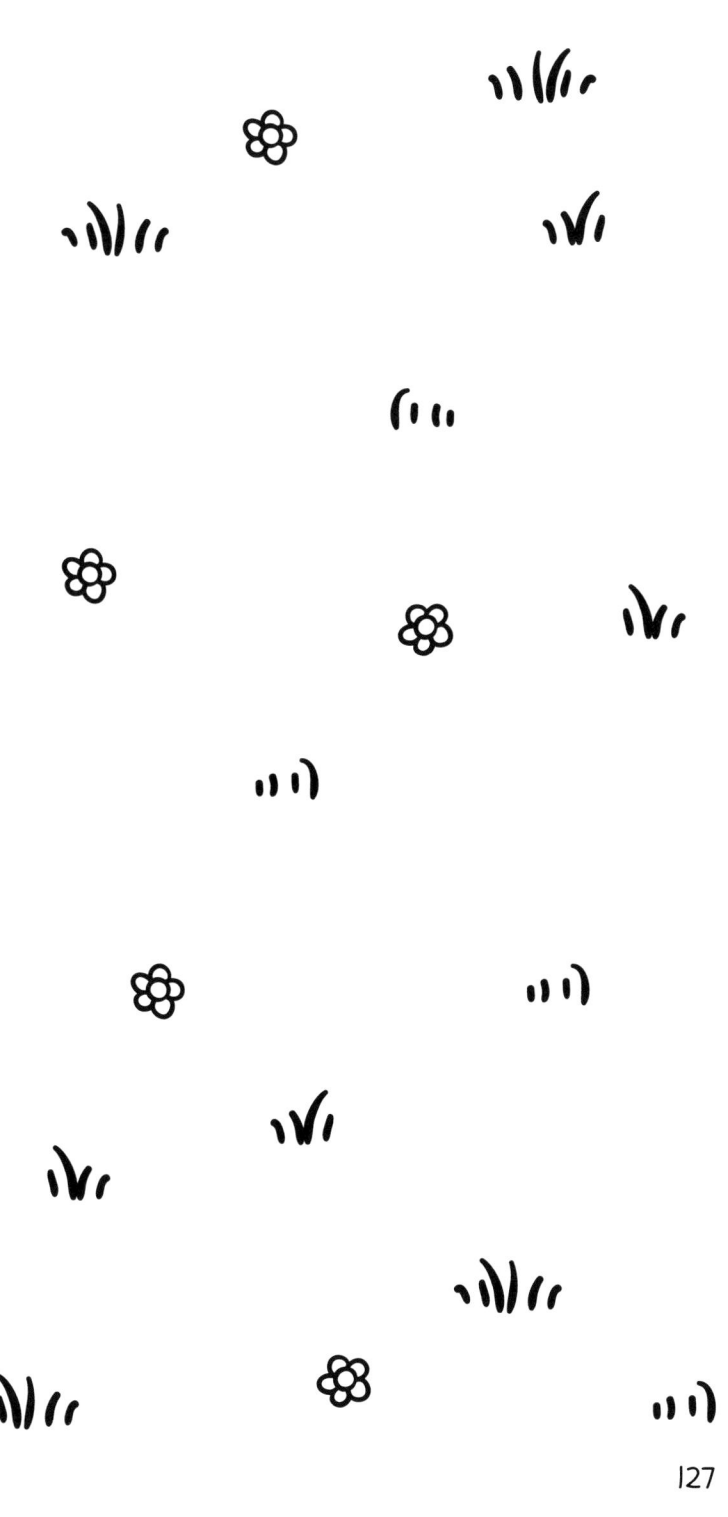

Jamm, Jamm, Jamm

Sieht das Eis nicht lecker aus? Worauf wartest du noch? Leck das Eis so richtig auf dieser Seite ab.

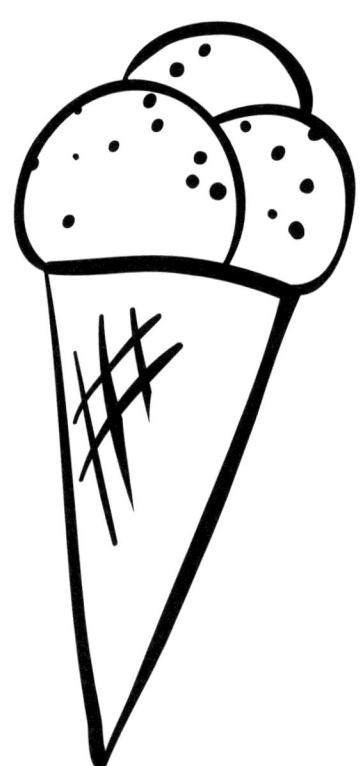

Moment mal

Was machen denn die Dinos hier? Die sind doch ausgestorben! Verwandle dich in eine Naturgewalt und fetz' die Dinos raus.

Versiegeltes Schriftstück

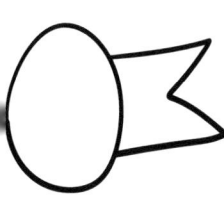

Rolle die Seite von links nach rechts ein – wie eine Schriftrolle.

Nun gilt es diese noch zu versiegeln. Klappe das Buch mit der eingerollten Seite zu und **hau** ein paar Mal ordentlich ***drauf.***

Zack, fertig: das versiegelte Dokument.

Bastelstunde

Reiß die Seite raus und schneide die Teile aus. Male sie bunt an und klebe sie wie eine Collage auf die Rückseite des Buchs.

Fische Fangen

Verbinde jeden Punkt mit einer Linie mit 6 anderen Punkten, so dass ein riesiges Netz entsteht.

Einhorn-Jagd

Was hat sich denn hier versteckt? Suche nach den 5 Einhorn-Kack-Emoji und kreise sie ein.

Geheime Botschaft Teil 2

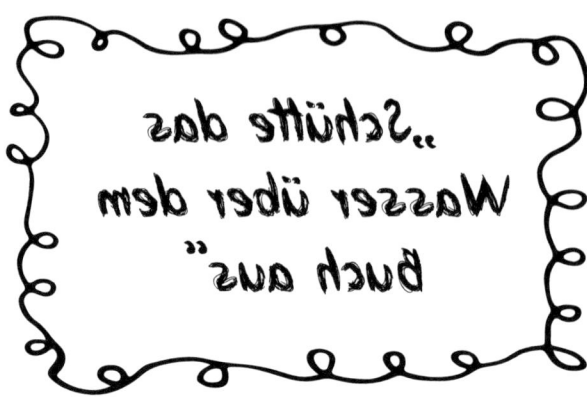

„Schütte das Wasser über dem Buch aus."

Stell ein mit Wasser gefülltes, rundes(!) Glas auf den Punkt. Schaue durch das Glas. Nun kannst du die Botschaft lesen. Befolge sie!

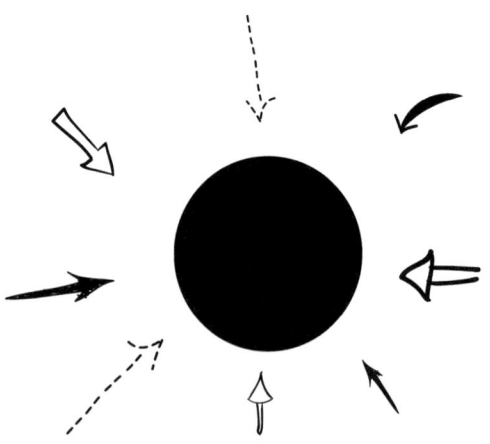

Nun kannst du die Botschaft lesen. Befolge sie!

Falls du die Botschaft nicht lesen kannst: Schiebe das Glas weiter vom Text weg.

Papier-Hygiene

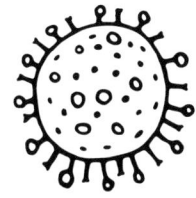
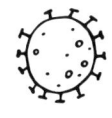

On nein, lauter Viren. „Desinfiziere" die Seite, indem du die Viren einzeln aus der Seite reißt.

Geldregen

Wolltest du dich schon immer mal reich fühlen? Reiß die Geldscheine raus und wirf sie wie Konfetti über dich.

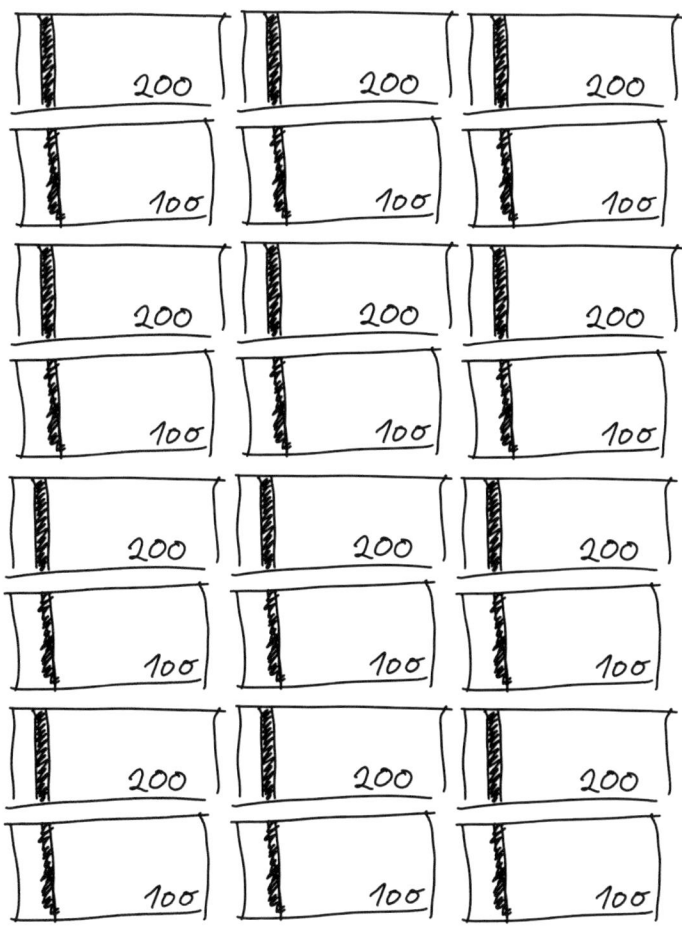

Schöne Aussicht

Schneide den Kreis aus. Schau nun durch das Loch. Na, schöne Aussicht, oder?

Sonne + Regen

Mach diese Seite bunt. Lass sie aussehen, als hätte ein Einhorn darauf gekotzt.

Schwarz-Weiß

Verwandle das Muster in ein Schachbrett.

Stich

hierzu jedes zweite Feld mit einem Stift durch.

Liebesorakel

Denke an deine heimliche Liebe. Reiß nun nacheinander die Blüten von der Blume.

Beginne mit „sie liebt mich" und setze abwechselnd mit „sie liebt mich nicht" fort.

Zickzack

Falte die Seite an jeder gestrichelten Linie im Zickzack, bis du ganz am Buchrücken angekommen bist.

Das letzte Einhorn

Schneide allen Einhörnern in diesem Buch das Horn ab

– bis auf eins! Dann stimmt der Titel.

Erntezeit

Die Rüben sind reif. Pflück sie alle
und reiß sie aus dem Feld!

Mutterfloh

Verbinde alle Punkte mit einer Linie zum großen Punkt in der Mitte.

Hurra, wie lange hast du denn jetzt dafür gebraucht?! 155

Finde mich

Unter den ganzen Neunen haben sich 8 Achter versteckt. Blätter erst weiter, wenn du alle Achter eingekreist hast.

Da reißt einem der Geduldsfaden

Male in jedes Kästchen ein Fragezeichen als Sinnbild dafür, warum du das eigentlich machst.

Der Freibeuter in dir

Irgendwo hier ist ein Schatz versteckt. <u>Finde ihn!</u> Starte an der Markierung und folge den Pfeilen. Jeder Pfeil steht für ein Kästchen.

Wenn du meinst, an der richtigen Stelle angekommen zu sein, pikse dort mit einem Stift durch. Blättere dann um, und du siehst, ob du an der richtigen Stelle „gegraben" hast.

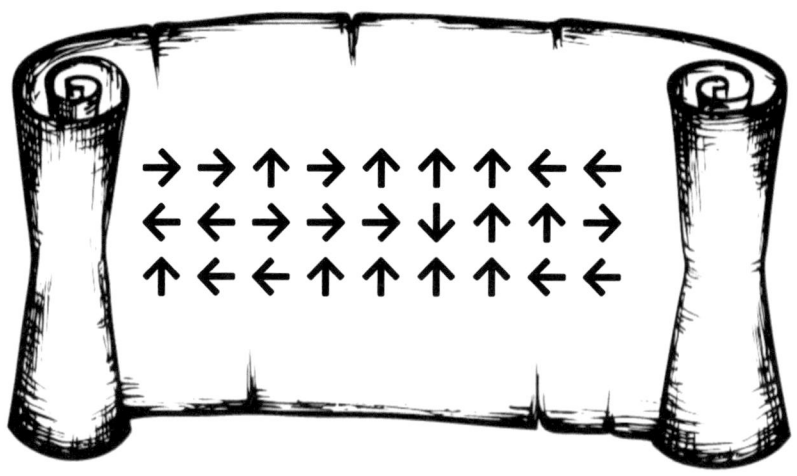

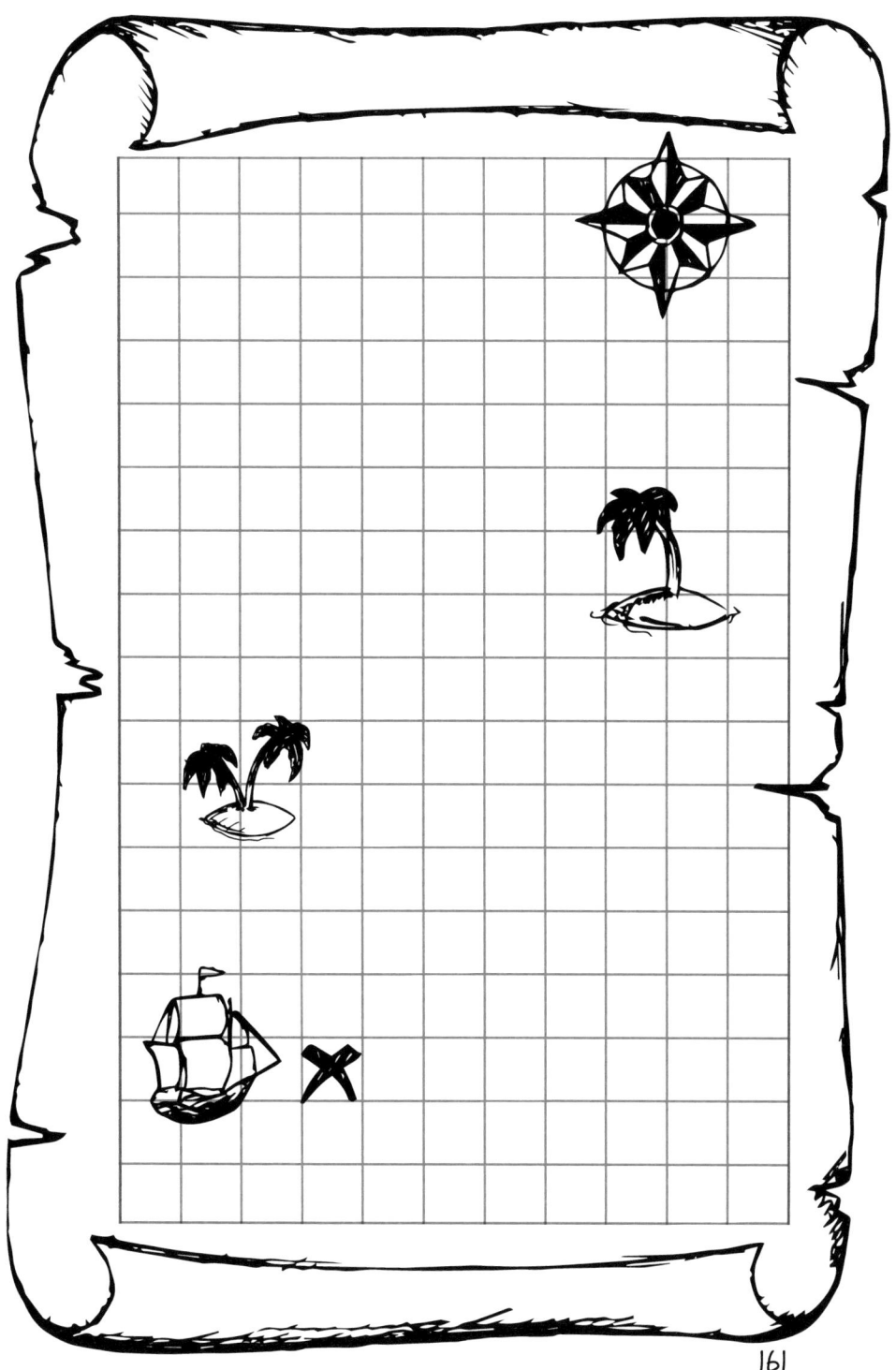

Strafarbeit

Sach mal, das Buch sieht ja stellenweise noch so neu aus. Das geht gar nicht. Zur Strafe schreibe in jede Zeile den Satz:

„Ich muss das Buch zerstören!"

Bitte weit aufmachen

Zeit für einen Zahnarztbesuch ... Das sieht ja gar nicht gut aus.

Alle schwarzen Zähne müssen gezogen (rausgerissen) werden. Zähne mit einem schwarzen Fleck werden durchbohrt. Und bei den anderen Zähnen spielst du mit einem Stift die Zahnbürste.

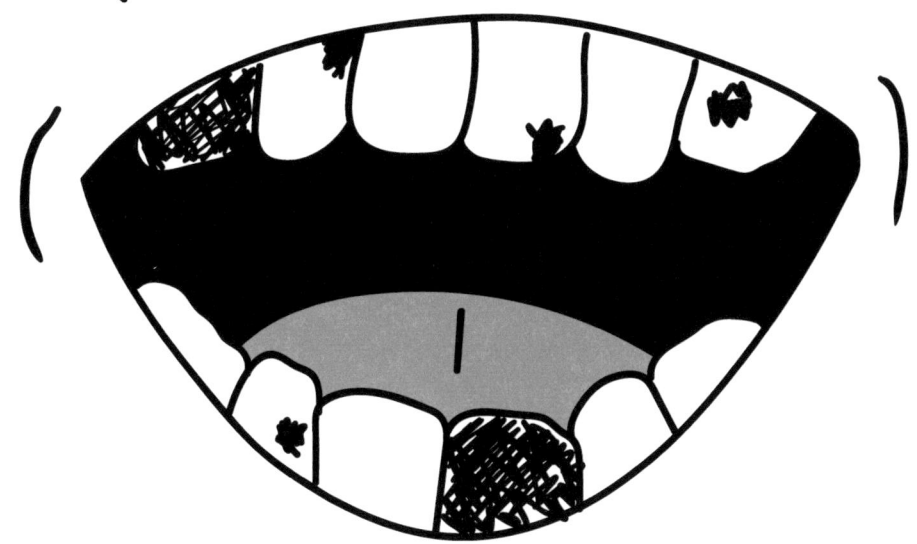

Du dumme Sau!

Werde zu Klaus Kinski und beleidige dieses Buch. Schreib so viele Schimpfwörter hinein, wie dir nur einfallen.

Ping Pong

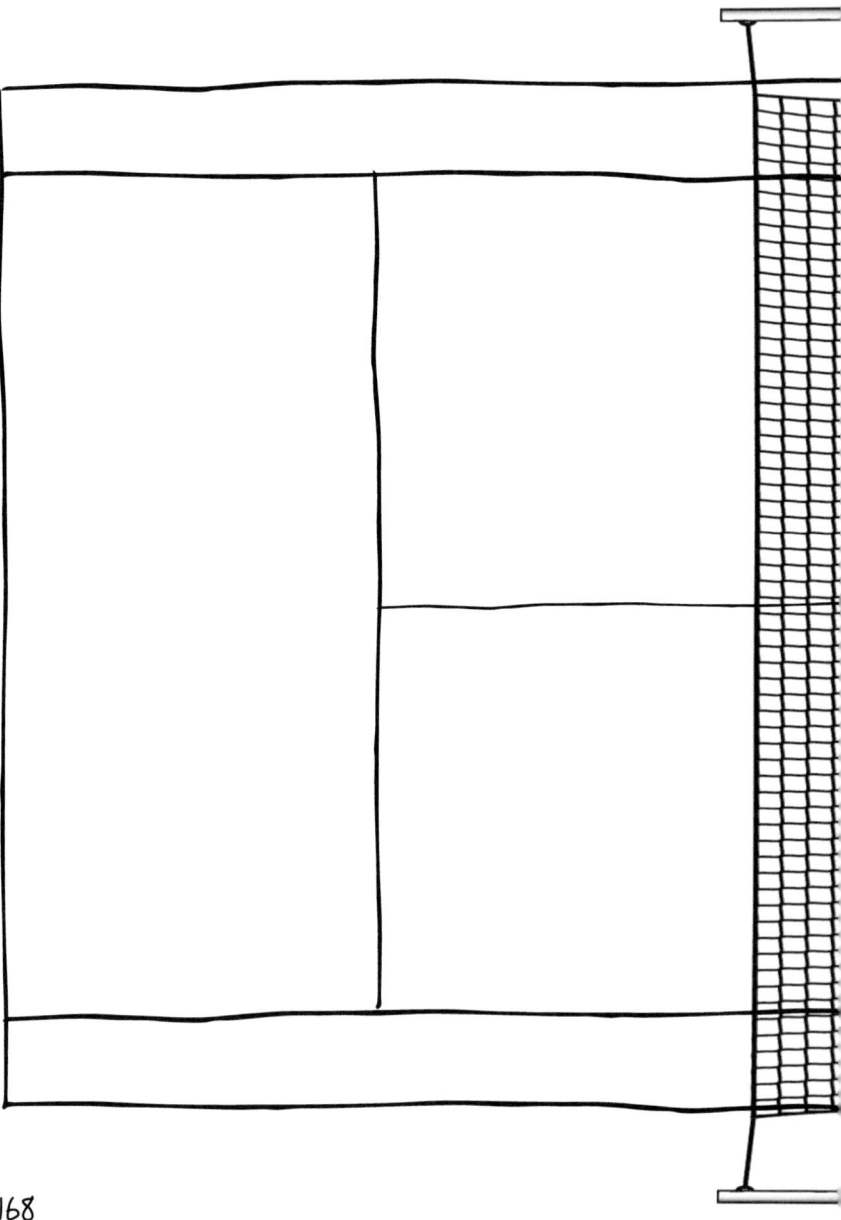

Zeichne ein, wie der Ball innerhalb eines Tennis-Matches hin und herfliegt. Hinweis für dich: Dieses Spiel endet nach 500 Ballwechseln.

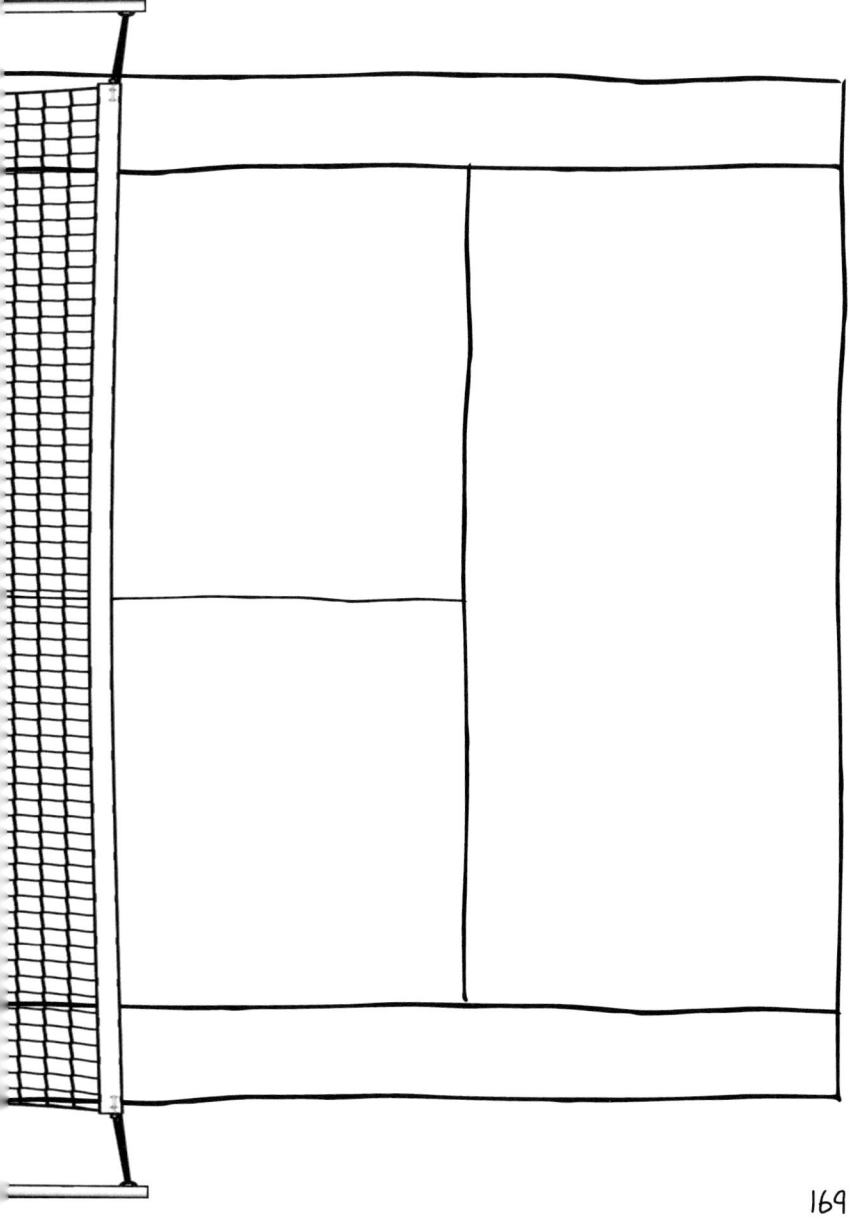

Ja, ist denn schon Weihnachten

Du hast es fast geschafft und das komplette Buch gemeistert. Als Belohnung gibt's ein Geschenk für dich.

Unter nucleo-verlag.de/geschenk kannst du dir gratis Vorlagen für noch mehr Kritzelwut herunterladen.

Mit dabei sind:
- Stadt, Land, Fluss
- Finde die 8
- Kackende Tiere
- Labyrinthe zum Einreißen

Dein Geschenk erhältst du mit dem Code:

0815

Löse ihn jetzt auf nucleo-verlag.de/geschenk ein.

Die letzte Aufgabe

Wuhuu, du bist auf der letzten Seite angekommen. Nun darfst du das komplette Buch vernichten.

Zerreiß es! Knicke es! Falte es! Zerknüll es! Zertritt es! Alles ist erlaubt.